Inhalt

Durchgängige Daten für die Produktionsplanung - immer noch Vision statt Wirklichkeit

Kernthesen

Beitrag

Fallbeispiele

Weiterführende Literatur

Impressum

Durchgängige Daten für die Produktionsplanung - immer noch Vision statt Wirklichkeit

I.Zeilhofer-Ficker

Kernthesen

- Die Digitalisierung der Produktionsplanung hat in den letzten Jahren zwar Fortschritte gemacht, ist aber immer noch weit davon entfernt, durchgängige Daten für alle Unternehmensfunktionen zu liefern.
- Mehr als 70 Prozent aller Planungsverantwortlichen beklagen eine mangelhafte Prozessverkettung und Kommunikationsprobleme.
- Das optimale Planungssystem scheint noch

nicht gefunden und auch über die richtige Methodik streiten sich die Fachleute.

Beitrag

Ohne Flexibilität geht es nicht mehr

Wer sich heute ein neues Auto bestellt, der hat die Wahl zwischen unzähligen Varianten: Benzin- oder Dieselmotor, Schaltgetriebe oder Automatik, Leder- oder Stoffsitze, Metallic- oder Standardlackierung. Die Liste ließe sich noch eine ganze Weile fortsetzen. Die Vielfalt an möglichen Varianten setzt sich bei nahezu allen Produkten fort und spiegelt das wachsende Kundenbedürfnis nach Individualisierung und Personalisierung wieder. Das bedeutet aber auch, dass Produktions- und Planungssysteme hochflexibel arbeiten müssen, will man kostengünstig und ohne ausufernde Bestandskosten fertigen. In Großkonzernen kommt häufig hinzu, dass ein Gerät, eine Maschine oder ein Modul nicht komplett in der gleichen Produktionshalle gebaut wird, sondern Einzelteile oder Baugruppen von weltweit verstreuten Fertigungsnetzwerken hergestellt und angeliefert werden, um dann in der Endmontage dem

Kundenauftrag entsprechend zusammengefügt zu werden. Hierfür sind neue Strukturen nötig, die vor allem durch eine starke Prozessorientierung, aber auch durch eine hohe IT-Durchdrängung gekennzeichnet sind. Information gilt inzwischen als ein entscheidender Produktionsfaktor. Deckung und Koordination der vielfach globalen Informations- und Materialflüsse ist ohne Einsatz intelligenter Informations- und Kommunikationstechnologien nicht mehr denkbar. (1), (2), (3), (12)

Die dazu notwendige Flexibilität hat ihren Preis. Wurden vor rund 100 Jahren mit Beginn der Industrialisierung Produktionsabläufe in kleine Schritte zerlegt, so müssen nun oft unvorstellbare Datenmengen zusammengeführt werden, um einen vernünftigen, machbaren, effizienten Produktionsplan zu erarbeiten. Ohne datentechnologische Unterstützung wäre diese Aufgabe überhaupt nicht mehr zu meistern. Viele dieser Daten kommen aus unterschiedlichsten Systemen: die Unternehmens-ERP hält Auftrags- und Kundendaten vor, das Warehouse-Management System WMS liefert Bestände, das CAD-System weiß, welche Bauteile in welcher Reihenfolge montiert werden müssen und im MES-System sind Maschinen- und Personalverfügbarkeit gespeichert. Meist sind diese Daten in den unterschiedlichsten Formaten vorgehalten und müssen über spezielle

Produktdatenmanagementsysteme konvertiert oder zumindest über Schnittstellen kombiniert werden. Im schlimmsten Fall werden sie manuell von einer Datei in die andere übertragen. Dies alles kostet Zeit und Ressourcen und ist in hohem Maße fehleranfällig. (1), (4)

Obwohl in den letzten Jahren Fortschritte gemacht wurden, ist die Situation für die meisten Planungsverantwortlichen unbefriedigend. Über 70 Prozent bemängeln zu viele Insellösungen, eine mangelhafte Prozessverkettung sowie (datentechnische) Kommunikationsprobleme. 65 Prozent sind der Meinung, dass die Fertigungssteuerung bezüglich notwendiger Flexibilität nicht den Praxisanforderungen standhält. (2), (4), (5)

Teilerfolge in Richtung durchgängige Daten

Eine erfolgreiche Integration IT-gestützter Systeme in der Materialwirtschaft und Produktion erfordern die Einbettung von (meist modularen) Anwendungen in die vorhandenen IT-Architekturen der Unternehmen. Hier gibt es verschiedene (Wirtschafts-)Informatikkonzepte. Enterprise Application Integration (EAI) ermöglicht beispielsweise die daten-

und informationstechnische Zusammenführung von Wertschöpfungsprozessen, die durch heterogene Anwendungen unterstützt werden. Sogenannte serviceorientierte Architekturen (SOA) modellieren vorhandene Anwendungen als "Services" und integrieren verteilte Geschäftsprozesse auch von externen Partnern. Damit lassen sich Vorteile modularer oder verteilter IT-Systeme nutzen, ohne ständig mit dem Risiko ineffizienter Informationsflüsse ausgesetzt zu sein. (12)

Damit sind sicher in den letzten Jahren sowohl technologisch als auch organisatorisch erste Teilerfolge erzielt worden. Mehr und mehr Unternehmen erkennen, das ein ganzheitliches, funktionsübergreifendes Teamwork jede Menge Zeit und Geld sparen kann. So werden Produktionsverantwortliche in Entwicklungs- und Designprozesse eingebunden, ebenso wie Spezialisten aus dem Einkauf und sogar Zulieferer. Die Konstruktionsdaten werden medienbruchfrei an die Produktionsplanung- und Steuerung (PPS) übergeben und für die Angebots- und Auftragskalkulation genutzt. Mehr als 20 Prozent der Fertigungsunternehmen setzen ein Manufacturing Execution System (MES) ein, um Produktions- und Auftragsdaten zu verknüpfen. In ausgeklügelten Simulationsprogrammen können verschiedene Planungsszenarien miteinander verglichen und so das mögliche Optimum gefunden werden. (6), (7), (8)Von der tatsächlichen Digitalen Fabrik, in der alle Prozesse in Echtzeit abgebildet werden und jederzeit verfügbar sind, sind die allermeisten Unternehmen aber noch sehr weit entfernt. Ebenso wird noch viel zu wenig berücksichtigt, dass mehr und mehr Nicht-EDV-Fachleute mit den Systemen arbeiten müssen. Will man den Papierlosen Workflow erreichen, so müssen die Anwendungen so einfach und klar strukturiert sein, dass sie ohne großen Schulungsaufwand verstanden werden. (1), (9)In der Wissenschaft ist die Problematik bekannt. Diverse Hochschulen arbeiten an Modellen und Konzepten, um die Digitale Fabrik voranzubringen. So hat die Steinbeis Hochschule Berlin das Referenzmodel DiFOR (Digital Factory Operating Reference) entwickelt, das die durchgängige digitale Planung von komplexen Produktionssystemen unterstützt. Das Forschungszentrum Karlsruhe leitet die Arbeiten an dem BMBF-Verbundprojekt ADiFa (Anwendungsprotokoll zur Prozessharmonisierung in der Digitalen Fabrik), dessen Ziel die bessere Abstimmung von Planungsprozessen der Digitalen Fabrik ist. DIN und VDMA haben 22 qualitäts- und produktionsrelevante Daten für MES veröffentlicht und damit erstmals für eine Standardisierung von Indizes der Fertigungswelt gesorgt. (1), (3), (10)

Trends

Blickt man auf die informationstechnische Unterstützung von Fertigungsprozessen kommt man um 3-Buchstaben-Abkürzungen nicht herum: ERP, MES, BDE, MDE, QMS, WMS, CAD,CAM und wie sie alle heißen erfüllen alle ihren Zweck und sind sinnvolle Hilfsmittel, um Teilbereiche der Wertschöpfung in produzierenden Unternehmen abzubilden. Die Vision ist allerdings, alle Teilbereiche zu einem Ganzen zu kombinieren und so den Produktionsfluss durchgängig in der Digitalen Fabrik abzubilden. Diese Vision zu verwirklichen gilt die Aufmerksamkeit in der nächsten Zeit. Denn nur dann werden die Unternehmen dem Trend zu immer mehr individualisierten Produkten nachkommen können. (2)

Fallbeispiele

Die Firma a-on AG, Neufahrn plant und baut Schaltschränke für verschiedene industrielle Anwendungen. Zur Optimierung des Konstruktionsprozesses setzt man auf eine Lösung von Eplan, die auf einer Plattform das E-CAD-System mit dem PPS-System verbindet. Dadurch konnte nicht nur die Qualität der Konstruktion verbessert, sondern auch die Durchlaufzeiten in der Fertigung um 30 Prozent reduziert werden. (6)

Die Psipenta Software Systems GmbH, Berlin hat sich auf das Zusammenwirken mit der ERP von SAP spezialisiert. PSI setzt dazu auf individuelle Lösungen, die auch die Einbindung von möglicherweise bereits vorhandenen Modulen der Produktionsplanung oder Warenwirtschaft mit einbeziehen kann. Die MES-Lösung von PSI verfolgt die Produktionsprozesse in Echtzeit und stellt sicher, dass die Produktionsplanung den aktuellen Anforderungen entspricht. Bei der Linde AG, München wurde durch die Kombination von PSI mit SAP eine hundertprozentige Liefertermintreue bei einer Senkung der Lagerbestände um 30 Prozent und einer Reduzierung der Fehlteile um 90 Prozent erreicht. (5)

Direkt als Webserver arbeitet die MES-Lösung MR-CM der Maschinenfabrik Reinhausen. Alle Systeme sind an diesen Server in der Fertigung direkt angebunden. Die gesamten Arbeitsmaterialien wie Explosionszeichnungen und Werkzeuglisten stehen in papierloser Form zur Verfügung. Das MR-CM übernimmt das Produktions-Controlling durch statistische Auswertung der Datenströme der Fertigung. Durch das System konnte bei der Flottweg AG die Produktivität um mehr als 20 Prozent gesteigert werden, die nicht wertschöpfenden Zeiten verringerten sich um bis zu 75 Prozent. (11)

Weiterführende Literatur

(1) Referenzmodell zur durchgängigen digitalen Planung komplexer Produktionssysteme Ein Drei-Säulen-Konzept: Modell – Methode – System
aus Zeitschrift für wirtschaftlichen Fabrikbetrieb, Heft 03/2010, S. 173-177

(2) Production Intelligence: Die Kanalisierung des Info-Flusses Datenintegration ist eine Schwachstelle
aus Industrieanzeiger, Heft 52, 2009, S. 44

(3) Entwicklung einer Referenzplanungssystematik der digitalen Produktentstehung
aus Zeitschrift für wirtschaftlichen Fabrikbetrieb, Heft 03/2010, S. 168-172

(4) Zehn Jahre Digitale Fabrik in der Automobilindustrie Vergangenheit und Zukunft der Digitalen Fabrik – DIFA-Status Quo
aus Zeitschrift für wirtschaftlichen Fabrikbetrieb, Heft 03/2010, S. 178-183

(5) Der schnelle Abschied von den vielen Insellösungen Immer noch schlummern viele Einsparmöglichkeiten in der Verknüpfung von Administrations- und Produktionsprozess. Die Beispiele Linde und Siemens zeigen, wie die

individuell angepasste Abstimmung von ERP- und MES-Software diese Potenziale heben.
aus MM MaschinenMarkt Nr. 007 vom 15.02.2010 Seite 022

(6) Gut geplant ist halb getan
aus Elektrotechnik Nr. 001 vom 09.02.2010 Seite 046

(7) Software findet Schwachstellen in der Fertigung
aus VDI NR. 14 VOM 09.04.2010 SEITE 13

(8) Robuste Termin- und Kapazitätsplanung durch Szenariosimulation
aus Industrie Management, Nr. 2, 2010, 45-48

(9) Medizintechnik - DURCHBLICK IM FORMENBAU
aus werkzeug und formenbau, Heft 2/2010, S. 46-47

(10) Produktionsmanagement: Schwerpunkt Manufacturing Execution Systems MES-Kennzahlen als Instrument hin zum Standard
aus Industrieanzeiger, Heft 14, 2010, S. 52

(11) Intelligente Software schickt Fertigungsdaten auf die Überholspur Die neue Art, wie Daten reisen
aus mav maschinen anlagen verfahren, Heft 5, 2010, S. 42

(12) Materialwirtschaft und Produktion heute – prozessorientiert und IT-gestützt
aus HMD - Praxis der Wirtschaftsinformatik, Heft 272/2010, S. 6-16

Impressum

Durchgängige Daten für die Produktionsplanung - immer noch Vision statt Wirklichkeit

Bibliografische Information der deutschen Nationalbibliothek

Die Deutsche Nationalbibliothek verzeichnet diese Publikation in der deutschen Nationalbibliografie; detaillierte bibliografische Daten sind im Internet über http://dnb.d-nb.de abrufbar.

ISBN: 978-3-7379-1107-8

© 2015 GBI-Genios Deutsche Wirtschaftsdatenbank GmbH, Freischützstraße 96, 81927 München, www.genios.de

Alle Rechte vorbehalten. Dieses Werk ist einschließlich aller seiner Teile – z.B. Texte, Tabellen und Grafiken - urheberrechtlich geschützt. Jede Verwertung außerhalb der Grenzen des Urheberrechtsgesetzes bedarf der vorherigen Zustimmung des Verlags. Dies gilt insbesondere auch für auszugsweise Nachdrucke, fotomechanische

Vervielfältigungen (Fotokopie/Mikroskopie), Übersetzungen, Auswertungen durch Datenbanken oder ähnliche Einrichtungen und die Einspeicherung und Verarbeitung in elektronischen Systemen.